私の小さな人生論

人間の幸せな生き方の探求

飯塚　秀夫

まえがき

「人生七十六から八十五歳までが一番伸びるときだ。九十歳まで生きないと、本当の人生はわからない」

医学者平澤興の言葉が歳をとるにしたがって少しずつではあるが、理解できるようになってきました。

いろいろある中でも誰もが求めているのは「豊かで幸せに暮らしたい」ということでしょう。では、どういう人生を送れば、これが実現できるのでしょうか。三つのKにまとめることができます。

経済的安定（お金）

健康維持（精神的・肉体的）

絆（家族、親戚、友人、職場仲間）

これらはすべてその人の人間性が大きく影響します。幸せは人間力に比例します。ですから、幸せな人生を送るためには、人間力を磨くしかありません。

私が米寿の節目に、これまでの諸活動や経験を集大成したのが本書です。なかでも、一般社団法人倫理研究所（創始者・丸山敏雄）との出合いは私の人生に大きく影響しています。

一人でも多くの人に幸せな人生を送ってもらいたいと思い、本書を出版することにしました。

目次

第一章

幸せな人生の基本は家族の絆である

今や家庭崩壊の危機

今や日本は少子化、高齢化、非婚化、離婚増加など、家庭環境が複雑化しています。

大家族から核家族、ホテル家族の時代になりつつあり、家庭崩壊の危機があちらこちらで騒がれています。

一人一人に部屋があり、それぞれ部屋で自分だけの時間を過ごしています。家族団欒などはなく、バラバラのライフスタイル。そのため、互いの生活ぶりに無関心となり、すべてにおいて「私中心」の考え方となってしまいます。

当然のことながら、家族問題が多発します。家庭内暴力、幼児虐待、離婚、別居、家庭崩壊等があります。

家庭問題の発生

①親子間の家庭内暴力
②幼児虐待
③離婚・別居
④ドメスティックバイオレンス
⑤キッチンドリンカー

私たちは愛する家族、愛してくれる家族がいるからこそ生きるエネルギーが湧いてくるのです。今あらゆる組織が解体と再編成を迫られていて、不安が増すばかりです。だからこそ、愛の絆で結ばれた家族が必要なのです。

あたたかい家庭のイメージ

著者の思い描く「あたたかい家庭のイメージ」は、食卓を囲む家族団欒です。心が癒される場です。夫婦、親子それぞれの家族が日々の出来事のなかで互いに愛情を感じ合う、笑いの絶えない家庭が理想です。

家庭の基本的な役割は、大きく分けると次の五つです。

①衣食住の基《もと》＝家族の健康を維持します
②精神的な拠り所・安らぎの場＝仕事の成功をもたらします
③人間教育の場＝人間性を向上させます
④祖先と心を通わせる場＝生命力を養います
⑤諸活動のエネルギー源・発信基地＝すべての幸福を生み出します

家庭力の向上にむけてどうすればよいか

このような時代のなかで、「家庭力」を向上させるにはどうすればよいのでしょうか。それは、夫婦の心身の一致に他なりません。

「夫が親愛の情にもえてやさしくすれば、妻は尊敬信頼して、世の中に夫より外に男性はないと、ただ一途に夫にたよる。この時夫は又、世に妻より外によき女性はないと、愛情をかたむける。そして明朗愛和、常に春のような、なごやかな家庭がつくられる」（丸山敏雄著『万人幸福の栞』新世書房）

この状態こそが理想的家庭です。少しでも近づくためには、次の四つを心がけることが大切です。

①明朗愛和の家庭づくり
②敬と愛の心を深める

③感謝の心を持つ
④親・祖先とつながり、恩意識の育成

『大学』には「その国を治めんと欲する者は、先ず其の家を斉《ととの》う」とあります。自分の家庭もまともに治められない者が国家や会社などの組織を立派に治めることなどできません。よき企業人である前に、よき家庭人、素直な人間であらねばなりません。

家庭における人間教育こそ重要である

教育者森信三は家庭教育の大切さを訴えました。躾の三原則は「挨拶」「返事」「後始末」です。

挨拶は先手で燃えるような働きかけ、三口挨拶。返事は拝む心で即時喜んで「ハイ」の一言。後始末は、物の整理は心の整理。感謝を込めて整理整頓することです。

さらに、時を守り、場を清め、礼を正すことに専念しましょう。足元のゴミひとつ拾えない者は何もできません。

当たり前ですが、約束を守ることも大切です。ことに決めごとのなかで、時間を守ることは最優先すべきです。信用を得ることができるかどうかに大きく影響します。

また、目上の人を敬い、尊び、崇める心を持つことが大事で、親子のたてよこの十字の愛和は基本です。

自分の心を空にして、相手の心に分け入ったとき、先輩や上司の持つ知識、技能、あるいは人格でさえ譲り受けることができます。

親・先祖とのつながり

次に親・祖先とのつながりです。

それは恩の自覚から始まります。自己存在のルーツを遡る意識が大事で、それを自覚するところまで達した状態が恩の自覚です。天地自然の恩（太陽・空気・土・水等）、父母・祖先の恩（成育・愛育）、師（学校・職場等で受けた教育）を自覚することにより、人間性を豊かにすることができます。

『大和俗訓』に書かれた儒医貝原益軒の言葉が身にしみます。

「父母の恩、きはまりなきこと、天地のひとし。父母なくんば、何ぞ我あらん。その恩、海よりふかく山より高し」

父母への孝養は、森信三と丸山敏雄の言葉も同じです。

「親への孝養は単に自分を生んでくれた一人の親を大事にするだけでなく、親への奉仕を通して、実は宇宙の根本生命に帰一することに他なりません」（森信三）

「ほんとうに、父を敬し、母を愛する、純情の子でなければ、世に残るような大業をなし遂げる事はできない」（丸山敏雄）

祖孫一連の家系図の作成

父母をさかのぼれば、祖孫一連の鎖が家系図として見えます。家系図を自分で作ることにより、今まで知らなかった多くの親族との出会いがあり、いろいろなことに気づきを得ることができ、祖先とのつながりがより太いものとなります。

親は子に、子は孫にと連綿と伝わり、鎖のように伸びていきます。実は、自らを大切にして尊ぶことは、親を大切にして親を尊ぶことであると気付きます。最後には「自分の城（家系）は自分で守る」という強い信念を持つということが大事であると思います。

墓参によって自己の生命を輝かせる

私たちは親・祖先から多くの恩を受けています。墓参はまさに親・祖先の心に触れ、一体化し、自己の生命力を輝かせることになるのです。そして、純情になり、その結果として生活が引き締まり、仕事がうまく運ぶようになります。

墓参には、子供、孫を連れてお参りすることで家系が連綿と伝わります。実践のポイントは次の三つです。

①親・祖先に近況を報告し、感謝の言葉を述べる
②親不孝を心から詫びる
③決意や今後の目標を誓う

家族が集い、仏間で祖先と一緒に親や家族の功績を話し合うことが大切です。この話し合いを重ねるごとに親族の絆が強固になっていき家系の縦軸が明確になり子孫へとつながっていきます。

第二章

喜んで働く職場をつくる

トップの率先垂範でよい社風をつくる

トップが率先垂範して人間力を磨き高め、その力を土台にして会社を経営しましょう。就業規則やマニュアルだけでは人は動きません。社風で動くのです。トップの行動が社風をつくり、その社風が人を育てます。

社員は上司の行動や発言をよく見ています。部下を改めさせよう、変えようとする前に、まず自ら改め、自分が変わらなければなりません。

軍人山本五十六の言葉「やってみせ、言って聞かせて、させてみせ、誉めてやらねば、人は動かじ」で分かるように、人の心理は今も昔も同じです。

社風がよく分かるのは、「社員の電話応対・接客態度」「トイレの清掃状況」「事務所や工場の整理・整頓・清掃」です。だからこそ、特にこれに気を付けましょう。

徳をベースとした人を喜ばせる会社経営

次に、人を喜ばせる会社運営を心がけることが大事です。すなわち、四方（社員・取引先・お客・世間）よしの経営です。

さらに、『菜根譚』にあるように、「徳は事業の基なり」です。経営者の徳こそが事業を発展させる基礎です。『荀子』では「先義後利」が説かれ、『論語』では「君子は義に喩《さと》り、小人は利に喩る」とあります。

社員の人間力の向上こそが大事である

次に、社員の人間力を高めることに力を入れましょう。企業は人間教育の最後の場であり、人間力の高い社員がどれだけいるかがその会社の評価と直結します。

『資治通鑑』には「才は徳の資なり、徳は才の帥なり」とあります。また、『菜根譚』には「徳は才の主、才は徳の奴なり」とあります。

倫理研究所が推奨するセブンアクト（七つの基本動作）を使えば、躾教育の徹底を図ることができます。

セブンアクト

①あいさつが示す人がら、躊躇せず先手で明るくハッキリと
②返事は好意のバロメーター、打てば響く「ハイ」の一言
③気づいたことは即行即止、間髪いれずに実行を
④先手は勝つ手五分前、心を整え完全燃焼
⑤背筋を伸ばしてアゴを引く、姿勢は気力の第一歩
⑥友情はルールを守る心から、連帯感を育てよう

⑦物の整理は心の整理、感謝をこめて後始末

朝礼で社員のベクトルを合わせ一体化する

セブンアクトに加え、朝礼を毎日行うと、さらに社内の雰囲気がよくなります。朝礼は人間性教育の場でありります。朝礼の開始で家庭人から社会人への頭の切換えを行います。職場の朝礼の意義と目的は次の通りです。

職場朝礼の意義と目的

①ウォーミングアップ　仕事に向かう心身の準備、公私のケジメをつける
②活力の高揚　士気の高揚をはかる
③情報の共有化と徹底　業務連絡、報告を徹底する
④目的・方針の確認　経営理念、社是、社訓を唱和する

⑤基本動作の実習場　礼儀作法、返事、挨拶を習慣化する
⑥チームワークの向上　連帯感を高める

朝礼の実施効果

その効果は具体的に挙げると、次の五つです。
①人間力（倫理観・道徳心）が向上する
②出勤が早くなる（時間厳守）
③職場が活性化する（明朗・愛和・喜働職場を構築）
④人前で自分の考えを自分の言葉で話せるようになる
⑤ホウレンソウ（報告・連絡・相談）とソウセイジ（創造性・整理・時間厳守）が向上する

活気ある職場をつくり、生産性の向上をはかる

雰囲気がよくなれば、次は生産性の向上です。活気ある職場づくりに努めトップから末端までベクトルを合わせ心がひとつとなり、情熱・創造性・実行力を身につけ、生産性の向上につなげます。

物事には目的・意味があります。それを明確にし、理解して言動することが肝要です。それを外れると非効率となります。

最後は夢を語ることです。そして、全社員が夢を持つことができればこれ以上のことはありません。

存在価値のある会社をめざす

最終ステージは存在価値のある会社づくりです。経営の目的は等しく「世のため人のため」「社会貢献」。その地域になくてはならない会社にします。

第三章

運命をひらく生き方の探求

人生の後半は自分自身の監督で人間力を磨き高める

人間力を高めつつ、生きがいのある幸福な人生を求めることを忘れてはなりません。

人生の前半は親、学校の先生、会社の上司、先輩が監督指導してくれます。

人生の後半は自分自身の監督で、人間力を磨き高めましょう。『荀子』には「人の本性は悪である」、『老子』には「自ら勝つ者は強し」とあります。『万人幸福の栞』には「運命を切り開くは己である」とあります。

純情な心でプラス思考を徹底する

常に純情《すなお》な心で人間力を育みましょう。すべての出来事を受容し、情熱をもって絶対的積極性で日々の生活を送ることです。

そのときに大切なのは、心を先行させることです。信念を定め、決心して行動しているうちに、習慣化します。習慣は人格をつくり、運命を変えます。

では、具体的にどうすればいいのでしょうか。それは凡事を徹底することです。挨拶、返事、後始末、約束厳守です。

何よりも大切なことは、プラス思考を心掛けることです。マイナスの言葉を使わずプラスの言葉で暮らすと道は必ず拓けます。

宇宙のリズムに合わせ、追う人生をつくる

ところで、人生は追われてはいけません。いつも追う人生をつくることが肝要です。宇宙のリズムに合わせ、いい生活リズムをつくるのです。例えば、目が覚めたらサッと起きる朝起きを習慣化します。また、苦難を買って出ることは苦の先取りで、後に満たされ幸福がやってきます。

人生は出合いによって変わる。出合いが運命をかえる

人生は出合いによって変わります。出合いは運命を変えるのです。出合いを大切にすることで、人生はひらけます。

森信三の言葉を胸に人と接してください。

「人間は一生のうち逢うべき人には必ず逢える。しかも一瞬早すぎず、一瞬遅すぎない時に」

ここで注意すべきことは、自分の器以上の出合いには気づかないのです。だから、学びに投資し、自分を磨き高めなければなりません。

人生の節目ごとに素晴らしい出合いがあります。「万象我師」をいつも念頭に置き、出合いを絆に変え、よい人脈をつくりましょう。そうすれば、自ずと多くの居場所ができます。

柳生宗矩の言葉は常に心すべきものです。

「小才は縁に出合って縁に気づかず、中才は縁に気づいて縁を生かさず、大才は袖すり合った縁をも生かす」

時には厳しい出合いもあります。決して逃げないでください。苦によって人間は成長するのです。

人間は苦難によって成長する苦難観を確立しておくことである

苦難観を確立することが求められます。苦難は人をよりよくし、一歩前進させ、より向上させようとして起こるものです。自らの力で解決できないものは来ません。実は、苦難は美であり、善に輝いているのです。いかなる苦難が降りかかってきても、明るく喜んで対処することです。そのとき、自分を取り巻く一切のものがわが味方となり、必ずすべての環境が好転していきます。同時に、自分の心がいよいよ大きく、豊かになっていくのです。

そういった心持ちで終始一貫、実践を続けると、成功を手にすることができるのです。

感謝の心で生き、立派な「人生の決算書」をつくる

成功者の共通点は「感謝」です。生あるかぎり、いつでもどこでも感謝の気持ちを持っている人が成功します。感謝の心でアリガトウという言葉が生まれます。アリガトウは幸せを呼ぶ魔法の言葉です。他人の幸せを願い、他人に対して思いやりの心で接し、人に喜びと希望を与えることが尊いのです。

精神科医柏木哲夫の言葉は胸にしみます。

「感謝はまさに、最期の決定的な幸福の鍵である」

感謝の生活の先には素晴らしい「人生の決算書」が待っています。

『万人幸福の栞』に次のような一文があります。

「正しく生きた人でないと、美しい死に方はできぬ。見事な死にようをした人は、見事な一生を貫いた人である」

第四章

残された人生をアイウエオで生きる

著者は八十歳の節目のとき、これからの人生をいかに楽しく生きるべきか、これまでの人生の後始末として、過去を思い起こし、反省するために自分史を作成しました。

これによって、いろいろと多くの気づきを得ました。これからは自分をいたわり尊重し、それに値する老人になり、他人を喜ばせる人生を送りたいと心に決めました。

また、夫婦ともども健康に留意し、著者なりの「アイウエオ人生」を心がけ、ピンピンコロリで幕を下ろしたいと思っています。

ア　明るく　明朗で、心豊かに、安眠に気をつける

イ　いろけ　場所・時に合わせおしゃれをする

ウ　運　動　とにかく体を動かし、気がついたらすぐ動く
エ　栄　養　バランスのとれた食事をする
オ　恩意識　いつでもどこでもすべてに感謝する

アイウエオを一つ一つ説明します。

明るく

「ア　明るく」は、いつも心を明るく豊かにし、よいホルモンを分泌させ免疫力を高める生き方です。

朝は目が覚めたらサッと起き、まず生かされていることに感謝します。挨拶は進んで先手で行います。三口挨拶で出会いを絆に変え、多くの友だちをつくります。

「ありがとう」を口癖にし、他人を責めず、豊かな心で接することが友だちづくりのコツです。言葉はハキハキ、表情はニコニコ、行動はキビキ

ビで、明朗な姿を心掛けます。

いろけ

「イ　いろけ」は青春の象徴です。体は年老いても心は常に青春。高齢になりおしゃれを忘れるようになったら、おしまいです。明るく清潔感ある、その場に合った服装を心がけます。

多くの友だち（特に異性）をつくり、会話の機会を増やしてトキメキを得ます。

どこかに属し、何か人の役に立つことをすると、人に喜ばれ、自分の脳も活性化します。

運動

「ウ　運動」は日々行うことです。足腰の老化防止が肝要です。気づいたら即動き、立ったり座ったりして足腰を鍛えます。自分のことは自分で行い、他人には頼らず、こまめに動くようにします。午前はラジオ体操、午後は公園の散歩。ジョギングはせず、年相応の運動を行います。おすすめはスクワットです。

栄 養

「エ　栄養」は、健康維持に欠かせません。食べる順序を考え、少食・減塩でバランスよく。菜園で作った地のもの、旬のものを食し、大自然と共に生きます。

何よりも大切なのは、よい雰囲気で楽しく食事し、幸せを感じることです。

恩意識

「オ　恩意識」は心豊かに生きるコツです。恩の自覚の程度が人間の程度です。人生は出合い（人・物・自然）の連続で、その出合いは偶然ではなく必然です。人間は出合いによって成長します。出会った人とどう付き合い、どんな関係にあるかが肝要です。人だけでなく、万象から受けた恩に報いることが大事です。親・祖先があっての自分だということを自覚し、供養をしっかり行い、家系の縦軸を明確にし守ることです。

地位・名誉・財産がいくらあっても、死は必ずやってきます。大事なのは、いかに陰徳を積むかです。今ここを大事にし、生きていることを喜び感謝し、死を恐れない生き方を確立することが大切です。

【著者略歴】 **飯塚秀夫**（いいづか・ひでお）

秀倫塾塾頭
1936年10月島根県出雲市生まれ。

1957年4月、日本鋼管株式会社に入社。工和工業株式会社に常務取締役として出向。日本鋼管株式会社退職後、共和工業株式会社代表取締役に就任。現在は同社参与。

1990年８月一般社団法人倫理研究所倫理法人会に入会。2001年9月～2004年8月広島県倫理法人会会長を務め、一般社団法人倫理研究所参事を経て、2020年9月から同研究所名誉法人アドバイザー。

2009年に人間の生き方を探求する秀倫塾を創設し、塾頭に就任し現在に至る。

日本経営士会会員、公益社団法人建設荷役車両安全技術協会理事、一般社団法人日本産業カウンセラー協会理事、福山キワニスクラブ会長等を歴任している。

私の小さな人生論
人間の幸せな生き方の探求

二〇二四年十一月三日発行©

著　者　飯塚　秀夫
発行者　小野　元裕
発　行　株式会社ドニエプル出版
〒581-0013大阪府八尾市山本町南六―二―二九
ＴＥＬ〇七二―九二六―五一三四
ＦＡＸ〇七二―九二一―六八九三
発売元　株式会社新風書房
〒543-0021大阪市天王寺区東高津町五―一七
ＴＥＬ　〇六―六七六八―四六〇〇
ＦＡＸ　〇六―六七六八―四三五四
印刷・製本　株式会社新聞印刷

ISBN978－4－88269－937－8